향목香木의 노래

우리시대 현대시조선
106

향목香木의 노래

이익주 시집

고요아침

■ 시인의 말

기껏 변죽만 울려놓고
여기 시선집을 올리는 자신이 낯설고 조금은 부끄럽다.

허나 명품 시조 최고의 경지를 찾는 간절함으로
나는 지금도 보석을 찾는 이 작업에 밤을 새고 싶다

특유의 감칠맛과 목련 빛 우아함을 갈구하면서
지금도 시조의 현란한 휘몰이는 계속된다.

우리 민족의 자랑 한글, 그 문학의 정점에서

2019년 11월
이익주

■ 차례

시인의 말　　　　　　　　　　　　　05

제1부 백서 다시 쓰다

곡예사의 노래　　　　　　　　　　13
북소리　　　　　　　　　　　　　14
고해　　　　　　　　　　　　　　15
나이를 깁다　　　　　　　　　　　16
백서白書 다시 쓰다　　　　　　　　17
젓가락 청춘　　　　　　　　　　　18
규화목, 곱게 피다　　　　　　　　19
여울목　　　　　　　　　　　　　20
나이아가라 폭포 앞에서　　　　　　21
향목香木의 노래　　　　　　　　　22
채석강 바위 속은　　　　　　　　　23
달빛 환상　　　　　　　　　　　　24
백자의 가락은　　　　　　　　　　25
축복, 그 매향　　　　　　　　　　26
가을 추억　　　　　　　　　　　　27

제2부 어머니의 동백

어머니의 동백	31
서낭당 산조散調	32
천리향 애가哀歌	33
일몰, 그 파노라마	34
주상절리 동해에 눕다	35
알랑가 몰라	36
회나무, 노을에 서다	37
아! 낙동강	38
종가	39
억새, 소나타	40
가을운동회	41
방물장수 연가	42
지례 장터	43
플라맹코의 비애	44
어머니	45

제3부 가을 읽기

달무리	49
아이러니	50
어떤 하오	51
성산 일출	52
꾼	53
강강술래	54
햇살 길	55
봄의 향연	56
가을 읽기	57
그해 염천	58
풍악	59
봄맞이	60
봄의 서곡	61
안식일	62
능소화 연정	63

제4부 떠나가는 그대에게

은빛 황악 67
일몰 68
불갑산 상사화는 69
낙강의 팔월 70
떠나가는 그대에게 71
화무십일홍 72
수은등 73
해질 무렵 74
울먹이는 낙강 75
박 76
헌신짝 연가 77
고향산조 78
지신밟기 79
금강송을 노래하다 80
대둔산 소묘 81

■ 자전적 시론_변방에서 변죽만 82

1부

백서 다시 쓰다

곡예사의 노래

그리움도 절벽 앞에선 끊어질듯 외줄이었고
하얗게 타다 남은 한 시절 메아리였다
날이 선
달빛 자락이
줄 위를
걷고 있는

흥청대던 시장 난전 게으른 해금 소리
구성진 추임새도 마디 꺾어 내던졌다
누군가
그리운 하늘
시리게
부신 햇살

북소리

술렁이는 지평선 출발선상에 올라
봄볕이 보낸 낭보 두근대며 펼쳐들면
바람벌 말발굽 소리 양수처럼 터진다

달빛도 떨려오는 아득한 마지노선
불길처럼 휘감겨 기둥으로 솟았다가
묵묵히 바람의 함성 울림으로 잠재운다

고해

오던 길 뉘우치며 어제를 되돌린다
덜 아문 상처투성이 초침 뒤에 감추고
세월의
간이역에서
수인처럼 떨고 있다

세상일에 가슴 베이며 또 무시로 방황하며
눈부신 것 다 접고도 소리 없이 흔들린다
긴 시간
제 둘레를 돌며
하염없이 떨고 있다

나이를 깁다

햇살이 반짝이는 시골버스 터미널
구석진 작은 구둣방 수염 굵은 노인네
쉼 없이 달려온 세파
헌 구두에 깁고 있다

세월이 떠나가는 가벼움의 의미와
행간을 차오르는 고뇌의 무거움까지
한 생을 어루만지며
불안하게 깁고 있다

백서白書 다시 쓰다

변방으로 내몰린 몽이 속 알몸뚱이
내 잠시 칭얼대다 만 겹 그리움 비운다
예까지 남루한 세월 어리석은 미련 풀며

뿌리 채 몸을 틀며 모로 앉은 등신불
내 인생 이모작이 들풀처럼 일어서며
뼈와 살 예까지 살아 꽃터널 드는구나

젓가락 청춘

속 붉은 막걸리에 한 생을 풀어놓고
선술집 장단에 맞춰 쑥국이도 울어대면
막사발
양은 주전자
지지리도 서러운 맛

만취한 주마등은 너울 따라 일렁이고
울음 속 깊이만큼 아픈 마디 절룩인다
마음껏
두들겨 보자
구겨진 청춘 타는 절망

규화목, 곱게 피다

은밀한 내통으로 작당은 시작된다
순한 달빛 내리치면 거친 풍랑 솟구치고
끓는 피 씨줄과 날줄 한데 엉켜 굳어버린

혼란의 사선들이 숨 가쁘게 몰려든다
산지사방 내리긋는 사정없는 채찍질로
오지게 아로새긴 꽃 천년을 돌아서 왔다

사방으로 몰아치는 죽방렴 멸치 떼처럼
새 소리 바람 소리 젊은 날 소 울음소리
마지막 한 데 엉겨서 곱게 피는 꽃노래여

여울목

기다림도 다 녹으면 영원에 닿을 수 있나
자지러지는 사랑이야 억겁을 다시 돌아
하늘에
차올라 부신
희열의 클라이막스

외로움 속 깊은 터널 무너지는 숲을 지나
소리 죽여 예까지 왔다 죽어라 앞만 보며
거슬러
다시 솟구쳐
휘달리는 춤의 향연

나이아가라 폭포 앞에서

아자창 고인 햇살 섬섬옥수 짜 내려온
새하얀 생의 뒤 켠 비단 곱게 펄럭인다
나이가 뭔 대수냐며 쌍무지개 걸어놓고

물기둥 타고 내리는 헐렁한 넋두리다
돌아 선 길목에서 헛헛한 웃음 주며
외치는 나이야 가라 뼈가 선 저 함성은

아니다 웅장한 몸짓 값비싼 환성이다
아직은 재도전에 겁이 없는 나이라며
묵묵히 나이아가라 천길 벼랑 내려선다

향목香木의 노래

붉은 속살 아린 상처 질곡의 사연들을
겹을 넘어 천년 사랑 옹이로 채워두고
한 소절 세월의 향기
가슴 속에 묻은 노래

머무르는 길섶마다 겹겹 쌓인 묵은 꿈을
꿈틀대는 몸짓으로 결 곱게 걸러내며
진하게 우려낸 음절
뽑아낸다 한 마디씩

채석강 바위 속은

명심보감 세월만 읊다 어둠 몇 평 갈아엎고
등신불로 마주 앉아 까맣게 타는 속은
천지간 봐줄 이 없어 노을 따라 흐릅니다

기다림도 몸살로 눕고 정적마저 떠납니다
고요 속 멍든 바윈 하늘 높이 두 손 들고
꾸짖듯 거친 파도에 고해성사 내립니다

달빛 환상

본시 그건 무거운 침묵이 아니었다
태초의 죄목도 남아있을 여지가 없는
넉넉한 모습으로 다시 가득 안길 노래였다

저만치 등 돌린 채 흐느끼는 새벽은
속살 훤히 내보이고 오장을 다 쏟으며
정적도 얼어붙은 듯 가고 올 줄 모른다

백자의 가락은

다가서는 여인네의
명주적삼 환한 미소
떨리는 살얼음 소리 한 장씩 쌓으며
눈밭에
매화로 피어
곱게 웃는 저 가락은

허리 휜 골을 따라
젖은 시간 닦고 있는
산들바람 함초롬히 귀 열어 듣고 있다
흐벅진
열두 줄 가락
아무도 들은 적 없는

축복, 그 매향

뜨겁게 달궈졌다 꿈이 닿는 자리마다
봄 날 그 매향에 취해 시간은 멈춰 섰고

여인의 노랫가락이
하늘하늘 내리던 날

첫사랑 그 발자국 꽃잎처럼 떨리던 날
봄 입덧 헛구역질 삭여낸 가지 끝에

이른 봄 달빛에 안겨
차곡차곡 쌓인 향기

가을 추억

어쩌다 가을 물빛에
마음 적신 그대는
흔들리는 기억 사이로
맥을 짚고 다니면서
색 고운
달빛 만 갈래
엮어가는 밤입니다

메아리 붉게 번져
산허리를 두릅니다
쌓이고 넘치는 꿈
뜨락에 내려서서
조용히
추억 한 채 이고
새벽 산보 나섭니다

2부

어머니의 동백

어머니의 동백

밉다 또 그립다 진종일 해묵은 사랑
천년 그 정점을 바라 사오십년 묵혔다가
태우며 능선을 돌아 구비 마다 쏟는 각혈

산새 소리 잎 잎마다 아프게 내려앉고
먼 하늘 내 어머니 그리움 붉은 울음
외롭게 뜬구름 위로 그렁그렁 쏟아낸다

서낭당 산조散調

비바람 비집고 나온 소망 한 채 달로 뜨고
갈증의 끝을 잡은 소리 없는 메아리는
얼룩진
인연 하나를
오래도록 풀고 있다

집 떠난 산바람은 고목 아래 맴돌고
축수하는 손금 따라 만 갈래 밤은 울어
고무신
하얗게 닳아
산등성을 오른다

천리향 애가 哀歌

애절한 가락이다 앞가슴에 맥을 짚는
능선마다 분봉 난 향내 늦가을 구비 돌아
아슴한 무지개 다리
소식 하나
건
너
온
다

만고 인연 쇠북 안고 두드리는 여인네는
말발굽 소리 없이 천년을 달려와서
끝없이 젖은 그리움
말려본다
늘
어
놓
고

일몰, 그 파노라마

성근 시침질 새로 학이 뜨는 스란치마
은막 뒤 황홀한 무대 일렁이는 엘레지
불가마
끓는 외로움
곱게 저어 띄운 게다

영원 속 고요를 깨워 환한 봄빛 걸어두고
질펀한 한 판 굿에 한 동안 풍진 세상
호수 속
말갛게 뿌려
채로 걸러 펼친 게다

주상절리 동해에 눕다

철철이 읊어대는 기다림의 숨결이다
건져 올린 뼈들의 이유 있는 도열이다
잔잔한 동해바다의 무거운 숨비소리

온 몸으로 울어 봐도 돌아누운 저 바다는
천리 먼 길 단을 쌓아 이,저승을 이어놓고
요절난 만선의 축원 도막으로 누워있다

알랑가 몰라

새벽이 연 창문에 바람이 스치면서
여리고 샛노란 싹 연민으로 피어올라
풋풋한 생의 기둥을
또 하나 세워든다

지평선 저만치서 그리움이 손짓하고
행복은 어느 샌가 방울방울 번져 든다
바람은 알랑가 몰라
황홀한 저 노랫가락

회나무, 노을에 서다

대쪽 같은 삶이었다 툭 툭 터진 구비마다
곰삭은 생각은 유통기한 넘겨놓고
한 시대 풍미한 만월 가지 끝에 내걸었다

내 유년을 흔들어 놓은 무거운 하늘 한 장
정안수 손 모은 기도 바람결에 띄워놓고
창연한 고향 내음도 한데 묶어 걸었다

허리 잘린 시간에도 뿌리 속엔 움이 돋고
흥겨운 삼백년 눈부신 저 봄볕더미는
뒤풀이 흥겨운 가락 안고 선 노을이었다

아! 낙동강

긴 세월 이울 때마다 꽃잎 한 장 펼쳐들면
하얗게 샌 그리움 개울마다 일렁이고
조용히 빛 부신 울음
내려앉은 고향 어귀

어스름 녘 가쁜 꿈을 골 깊이 숨겨두고
허한 가슴 굵은 명줄 매듭 하나 풀고선
때보다 일찍 온 봄을
부여잡고 있었다

쉼 없는 담금질로 불그레 떠 오는 달
등 굽은 낙동강 하류 허기져 누워있고
아직도 끈질긴 인연
놓지 못한 혼불 하나

종가

기왓골에 묻힌 설움 이끼로 되살아 남고
대청마루 홍청 세월 회나무 끝에 앉아
지난 날 헛기침 소리에 날려버린 한 판 굿

백년 고독 백일홍은 신의 말씀 헤고 앉아
빈 사당 이, 저승 울음 감고 풀고 달래더니
요즘은 허리를 앓아 숨소리도 가빠라

억새, 소나타

하늘 앉은 가을빛은 소식마다 꺾인 설움
사랑의 깊이만큼 눈물로 흔들리고

급기야 은빛 소나타
산등성을 휘몰아온다

백발 풀어 노래해도 무심한 구름 한 장
자아 올린 자장가를 잘 익은 바람에 풀면

천천히 훑어 내리다
마디마디 멈춘 낮달

가을운동회

새털구름 옥빛 무늬 따순 햇살 곱게 안고
높푸른 하늘에다
만국기 내걸었다
옹골찬
시월상달에
쏟아지는 우레 소리

무르익은 가을볕에 밤 땅콩 툭툭 터져
할매 어매 보따리
운동장에 쏟아놓고
달린다
아득한 세월
목말타고 팔 흔들며

방물장수 연가

이기 뭐꼬 희한하네
구경하기 어려분 기라

열다섯 붉은 볼에 통통 튀는 동동구리무 엄마 머린 동백기름 파리가 낙상하고 민경 들고 고운 얼굴 분가루에 연지 곤지 저간에 숨은 소식 한 보따리 펼쳐지는

오늘도 발 없는 소문
문지방 넘기 바쁜

지례 장터

가난을 걸러 마셔도 늘 인정이 있던 곳

새벽잠 도려내고 집 나서던 설레임 우시장 황소울음 눈물 뚝뚝 듣는 그 곳 질펀한 노을이 깔리면 막걸리 내음 향그럽고 속 빈 가슴 못내 아려 귀가하지 못한 사람아!

바람만
빈 장터에 모여
흥청대고 있었다

플라맹코의 비애

　남사당 패 흘러온 길
　부초처럼 떠다니고

　그라나다 어둔 바람은 험준한 언덕위로 내몰려 한과 설움이 범벅되어 펄떡인다. '딱딱 따각따각 따각따각 딱딱' 안기듯 다가서는 안달루시아의 향수는 지난 세월 곱게 구운 보름달 띄워 놓고 내리치는 채찍소리로 격정의 접시를 잉태한다 서럽게 깔린 노을빛에 담금질 더해 빚어낸 이글거리는 눈동자 저 눈동자는

　산등성
　풀벌레울음
　낭자하게 깔린
　어둠

어머니

뒤란 대숲 찬바람은 어매 가슴 비워놓고
외론 들꽃 고운 향내 무덤가 적막 한 채
긴 삼동 바람길 타고 보살이 내립니다

예순 일곱 서러운 달 물빛 고운 모시 적삼
대처로 길을 떠나 비어 있어 빛 고운 산
이제는 고향 저 어귀 장승으로 지킵니다

3부

가을 읽기

달무리

보라 그대 슬픔이 속절없이 투영되는
고운 그 마음을 밤하늘에 뿌려놓고
조용히 자맥질하며 풀어내는 가슴앓이

세월의 아픈 관절 맥이라도 짚어가며
못 이룰 사랑이야 달무리로 걸어두자
긴긴 밤 어둠을 건너 다가오는 새벽처럼

아이러니

세상에 태어나 울음 쏟고 있을 때
둘러앉은 가족들이 좋아라고 웃었네
참 몰라
희비의 상황
묘한 의미 그 깊이를

남은 가족 그렇게도 슬퍼하며 우는 밤을
무거운 짐 훌훌 털고 웃으며 떠나는 길
참 몰라
죽음과 삶의
진정한 뒷모습은

어떤 하오

오로지 설렘을 위한 하염없는 서곡이다
낮달에 익은 오후가 한 소절 흘러내려
천천히 옮겨 붙는다 길 잃은 시간 속으로

멀미를 끝낸 햇살 한길에 부려놓고
너덜대는 하오의 자락 하염없이 깁고 있는
다리 밑 늙은 수선공 손놀림이 무겁다

성산 일출

성산봉 거꾸로 선 제주 닮은 바다에는
만선에 얹혀 뜨는 해조음 둥근 노래
환하게
먼동 튼 둘레
만삭이 된 가을 동화

밤을 낮 삼아 뜨거운 저 풀무질에
놋쇠를 들이붓고 곱게 구운 담금질
온 누리
잘게 두들겨
둥그렇게 띄운 아침

꾼

입소문은 분분해도
확인된 사실은 없다
일고의 가치도 없다
방송마다 떠들지만
적어도
뜨건 가슴을
싸늘하게 식힌 그는

강강술래

 하늘도 꿈을 꾸면 정초부터 달이 뜨나 새악씨 곱게 딴는 은하수 가는 허리 색실로 자수를 놓아 가슴 열고 푸는 가락

 보름도 대보름을 중천에다 걸어 두면 돌아가는 저 물레에 휘영청 감기는 달빛 남끝동 흘리는 자락 번져나는 민무늬 결

햇살 길

갈래갈래 가슴 풀어 붉어진 석류 알을
먼 여정 긴 기다림 하나씩 익게 두고
잠겨서
홍조 띤 얼굴
햇살 길도 참 곱다

펼치는 하늘만큼 무지개 수를 놓고
영원히 잠길 듯이 구절초 꿈의 언덕
그대는
가을 빛 찬란히
남아 피는 고운 향

봄의 향연

속살 돋은 초봄 언덕 절망마저 환해 오는
아련한 발자국 소리 그림자 따라오면
기다림 익어도 좋을
고 만큼 자란 봄비

조용한 환희 속에 어둠이 밀려나고
한 옥타브 건너뛰며 추억 하나 걸어두면
개울물 가락 얹어서
꽃잎처럼 흘려 본다

가을 읽기

간간이 출렁이는 풍악소리 소절마다
유효 기간 지난 잠언 안개처럼 벗겨지면
질탕한 곡조 끝 벼랑 불을 당겨 오는 몸짓

뭉실뭉실 신명 일면 번져나는 한마당
타는 햇살에 난타당해 골골 박힌 붉은 반점
끝내는 초읽기에 들어 팔부 능선 무너진다

얼마나 더 엎드리면 산이 내 손 잡아줄까
비울수록 넘쳐나는 향연 속 저 황홀은
가난도 마음 내리면 저 산처럼 풍만할까

그해 염천

애당초 신의 가호는 사치스런 과욕인가
저토록 아린 함성 절묘하게 파고들어
심연의 분화구인양 감내 못할 도반이다

불덩이 매단 시간 툭 부러진 대서 즈음
급기야 백주 대낮 터져버린 너의 질주
멀쩡한 생니 뽑히듯 울고 있다 빈 하늘만

풍악

팽팽히 당겨진
정조준의 활시위는
설악을 한 바퀴 돌아
거칠 것 없이 날아가서
산골짝 구석구석에
냅다 불을 질렀다

봄맞이

성긴 결도 곱게 삭아 꿈 한 채 내려놓고
새소리 기지개 켜며 얼굴 붉혀 환한 둘레
해마다 삼월을 열고 엮어 가는 꿈 타래

소식에 허기지면 풀벌레도 목이 쉬고
낮은 언덕 에돌면서 그리움 찾아가다
스르르 무늬로 내려 등에 와 실린 봄빛

느긋이 여장을 풀며 햇살은 배시시 웃고
서둘러 닿은 입술에 아지랑이 눈을 뜨다
언저리 살포시 앉아 펼쳐놓는 저 산야

봄의 서곡

풀꽃 향기 베고 누운
춘삼월 허리쯤에

불붙은 꽃이랑 사이
춘풍에 취한 두견이가

꽃자리
새 판을 짠다
더덩실
허리춤 잡고

안식일

연둣빛 추억이 깔린 청라언덕 구십 계단
마음이 쌓인 길을 비워가며 걷다 보면
교향악
내리는 성당
묵상에 든 십자가

마음이 무거운 찰나 봄 날 새로 일어선다
목이 타는 십자가 백년 다시 이어놓고
첨탑 위
고요한 복음
금빛으로 내린다

능소화 연정

고이고 넘친 노을 주체 못할 하늘은
벌려놓은 한 판 마당 변죽만 울리고선
어스름 달빛 뽑아서 감아올린 꿈 하나

은밀한 농담쯤 구름 속에 흘려놓고
찐득한 치잣빛 사연 한달음에 그려놓고
해거름 잽싼 몸놀림 거침없는 월담이다

4부

떠나가는 그대에게

은빛 황악

달근한 봄의 유혹 두 손 저어 사래 치더니
애저녁 시린 달빛 가지마다 걸리더니
드디어 은빛 군단은 소리 없는 춤이 된다

칼바람 녹여 빚은 시가 가지마다 등을 달고
모시 적삼 입고 앉은 경칩 그 쯤 저 황악은
은갈치 떼로 몰려 와 나목 위를 밝힌다

일몰

풀어놓은 세월의 끈
냅다 달린 질곡의 늪
텅 빈 시간 줍다 온
등불 하나 걸어놓고
이제사 곱게도 내려
황홀하게 번지는 꿈

삭신 아픈 하루쯤이
서녘에서 서성이면
갈잎 속에 묻어둔 사연
절규인 듯 되살아나
가슴 속 은은한 고동
반짝이며 안길 노래

불갑산 상사화는

세레나데 깔아놓은 말 없는 산물소리
오가는 가슴 적서 놓고 천천히 산에 올라
넋 놓은 골짜기마다 어깨춤을 부려놓다

세월은 문을 닫고 앙가슴은 열어 둔다
가시에 찔린 바람 하늘마저 서러운데
누구냐 그리움 깔고 울먹이는 그대는

무거운가 이 고요는 오마던 사람 기약 없고
첫사랑은 다리를 절며 골짜기를 누빈다
꽃 대궁 붉게 울고 선 불갑산 저 가을은

낙강의 팔월

연장된 긴장 속에 들끓는 내홍으로
종잡을 겨를도 없는 칠흑 그 분탕 속
갑골문
살과 뼈가 엉켜
유유히
흘
러
가
는

맨살을 타고내리는 장엄한 서곡이다
세월에 반죽된 상처뿐인 절규들이
아직도 두 눈 뜬 채로
붉고 깊게
흐
르
는

떠나가는 그대에게

누가 이내 가슴 바람으로 가르는가
끌어당기며 때로 풀었다가 다시 죄며
후두둑 음계를 밟고 떠나가는 그대는

아픔의 가장자리 맥을 찾아 짚어가며
피 묻은 손끝으로 뜯어내는 내 가얏고
또 다시 허일의 쓰림에 흐느끼고 있는가

지울수록 더 선명한 너의 흔적뿐이던 날
세월 또한 보름밤엔 속살 훤한 달로 떠서
한 맺힌 방망이질로 앙가슴을 파고든다

기왓골 타고내리는 먼 하늘 우러러 보면
쇠락한 종가에도 댓잎 저리 짙푸르러
다 비운 가슴을 이리 찢어놓고 있는가

화무십일홍

눈가의 잔주름 얼핏
칼금처럼 지나가고

거울에 얼비친
낯선 세월을 발견하다

다시는
돌아갈 수 없는
그 봄날의 그 길을

수은등

희뿌연 안개 속을 짚어가는 초침 끝에
때 절은 저녁답이 속절없이 무너진다
시름도
어둠에 젖어
서성이는 그 곳에

늘 몸살을 앓던 그대 하얀 꿈은
한 올 실바람에도 서러움이 묻어나고
가을도
외면한 골짝
하염없이 핥고 있다

해질 무렵

황토빛 구름이며 겹쳐지는 그림자며
은은하게 절은 생을 서녘으로 돌려보면
마음도 해질 무렵은 노을빛에 젖는다

결 고운 가얏고 그리움 자아내면
허허론 가슴 속 울컥이며 일어서는
몸살 앓는 파도여 출렁이는 낙일이여

뿌리채 흔들리는 아픔을 여기 두고
젖어 흥건한 아우성 그도 여기 앉혀두고
평생을 지고 온 하늘 미련 없이 부려 보자

울먹이는 낙강

절규가 멈춘 자리 바람만 일어난다
외짝 군화 해묵은 상처 찬이슬로 들춰내며
진혼곡
산자락 흔들며
구비구비 펴는가

포성이 멎은 자리 흐느낌도 묻어두고
칠백리 길을 따라 피고 지는 들꽃이여
오늘도
핏빛 상흔을
헹궈내는 낙동강

박

아슴한 고향 생각
은밀하게 품어 안고

나지막이 내려앉은
새하얀 그대 속살

황혼에
그리움 익혀
지붕 위에 내린 달

헌신짝 연가

책갈피에 끼워 둔 남루해진 약속들이
그리움과 기다림 사이 비집듯 파고들어
사라진 숱한 미련 따위 바람에게 묻는다

한 장씩 넘길 때마다 뿔뿔이 흩어지는
긴 묵언 바람에 실려 가는 길 정처 없다
아무도 듣지도 않는 철 지난 유행어처럼

널브러져 흔들리는 아쉬움의 빗살무늬
죄목도 알 수 없는 어둠만 몰려와선
슬며시 분단장하곤 거침없이 퇴장이다

고향산조

질펀한 금빛 노을
신아리랑 돌밭길은
명치 끝 아려오는
어린 시절 펼쳐놓고
바람은 햇살을 물고
문설주를 감고 돈다

수채화로 앉아 있는
멍든 바위 말이 없고
날 부르는 낯익은 목소리
들릴 것만 같은 저녁
가난만 덩거렁 남아
시렁 위에 앉아 있다

지신밟기

무거운 기왓골이 덩실덩실 춤을 춘다
허기진 딸꾹질로 마른 세월 씹어대던
살과 뼈
흰 눈이 되어
산과 들을 덮는다

금강송을 노래하다

기다림의 깊이만큼 진한 결기 배어들고
외로운 시간만큼 수 억 겁을 굴러 와서
해금강
풍진 바다를
둘러치고 있었다

홍조 띤 몸매에도 순백의 피, 뜨겁다
푸근한 눈빛에다 넉넉한 저 어깨 품
금강산
초입서부터
성골의 숲, 우뚝하다

대둔산 소묘

산맥에 맥이 뛰고 바위도 눈을 뜨나
칼 끝 같은 너의 자세 그 앞에 내가 서면
잃었던 한 폭의 생이 녹음으로 일어선다

혼돈 속 빠져들던 한 자락 푸른 마음
옥빛 하늘 한복판에 깃발처럼 나부껴라
저말리 허허로운 들판에 이 기상을 몰고 가자

■ 자전적 시론
변방에서 변죽만

　태어나 자라면서 아버지의 병환으로 사랑을 받지 못하고 당신 얼굴을 거의 뵙지 못하다 내가 철들 때쯤 황망히 세상을 버리시니 당시 어머니의 동백처럼 붉은 가슴은 천 만 갈래 찢어져 철없는 다섯 남매 거두실 생각에 청천벽력, 푸르기만 한 저 하늘 얼마나 원망했을까?

　　밉다 또 그립다 진종일 해묵은 사랑
　　천년 그 정점을 바라 사오십년 묵었다가
　　태우며 능선을 돌아 구비 마다 쏟는 각혈

　　산새 소리 잎 잎마다 아프게 내려앉고
　　먼 하늘 내 어머니 그리움 붉은 울음
　　외롭게 뜬구름 위로 그렁그렁 쏟아낸다
　　　　　　　　　　　　　　—「어머니의 동백」전문

아버지를 일찍 잃어버린 슬픔의 성장기를 보내며 트라우마처럼 귓가에는 곡소리가 끊이지 않았고 청년기가 되어 울음이 아닌 웃음을, 슬픔이 아닌 기쁨을 찾아 나서는 일에서 나 자신 용기를 내었고 스스로를 키워 나갔다.

하여 유토피아처럼 좋은 일만 있는 새로운 세상을 만나고 싶었고 삶의 갈등 속에서 생기는 믿음과 꿈을 스스로 찾아가는 마음으로 성장기의 정점에서 나는 신앙의 싹을 틔웠는지도 모른다.

대학을 졸업하고 울진 먼 곳으로 교사 첫 발령이 났을 때 어머니 홀로 두고 떠나기가 싫어 방구석에 박혀 있다 발령일보다 일주일이나 늦게 마지못해 짐을 싸서 집을 나서니 먼 곳에 자식을 보내는 애틋한 어머니의 마음은 어땠을까? 지금도 내 뒤에 서서보고 계시는 어머니 모습이 눈에 선하다.

그 뒤로 줄곧 고향으로 가지 못하고 객지생활이 계속되면서 내 가슴엔 어릴 적 고향의 산천이 살아 꿈틀댔고 그 중심엔 늘 어머니가 서 계셨다. 그래서 나의 시는 이렇게 고향의 어머니로부터 출발한다.

김천 어느 깊은 산골 벽지학교에서 아이 다섯 데리고 자그마한 운동장을 뛰어 다니며 밤엔 시조 습작에 몰두하다 1988년 1월 신춘문에 당선의 가슴 벅찬 전화를 받았고 그 기쁨이 채 가시기도 전에 고향에 홀어머니께서 돌아가시어 나는 기쁨과 슬픔을 한몫에 이겨내야 하는 잊지 못할 한 해가 되었다.

붉은 속살 아린 상처 질곡의 사연들을
겹을 넘어 천년 사랑 옹이로 채워두고

한 소절 세월의 향기 가슴 속에 묻은 노래

머무르는 길섶마다 겹겹 쌓인 묵은 꿈을
꿈틀대는 몸짓으로 결 곱게 걸러내며
진하게 우려낸 음절 뽑아낸다 한 마디씩
―「향목香木의 노래」 전문

내가 태어난 집은 300년 종택이며 사당 앞 뜰 향나무는 종택의 시작부터 옛 영화를 말해 주듯 웅장하게 뒤틀려 뻗어 보는 이로 하여금 그 신비함에 감탄을 금치 못한다. 또한 종택 동편 조금 떨어진 곳에 동산재라는 옛 영남 유림의 선비들이 정기적으로 강학과 토론을 행하는 선조의 재사齋舍를 두고 있다. 어쩌면 옛 선비 정신을 체득하는 요람이기도 한 이 재실은 후손들에게 숭조정신 함양과 종인 간 돈독한 친화의 공간으로 활용되며 역사적 가치를 인정받아 지금도 소중한 경상북도문화재로 등록 보존되고 있다.

대쪽 같은 삶이었다 툭 툭 터진 구비마다
곰삭은 생각은 유통기한 넘겨놓고
한 시대 풍미한 만월 가지 끝에 내걸었다

내 유년을 흔들어 놓은 무거운 하늘 한 장
정안수 손 모은 기도 바람결에 띄워놓고
창연한 고향 내음도 한데 묶어 걸었다

허리 잘린 시간에도 뿌리 속엔 움이 돋고
흥거운 삼백년 눈부신 저 봄볕더미는

> 뒤풀이 흥겨운 가락 안고 선 노을이었다
> ―「회나무, 노을에 서다」 전문

 사랑채 옆 삼백년 회화나무는 종택을 지키며 영욕의 세월이 살아 숨 쉬는 듯 지금도 종가를 내려다보고 있다.
 허나 어린 시절 내가 본 것은 그 나무 아래에서 종손인 남편의 병이 낫기를 빌고 또 비는 어머니의 지장보살 다 닳은 두 손바닥과 상 위에 얹혀진 잿빛 정안수가 여직 가슴에 남아 아리다. 우람한 체구로 흰 두루마기를 입고 사랑채 마루 위에서 큰 외침으로 세월을 잠재우시던 아버지의 생전 모습이 정안수 위에 오버랩 되어 물결처럼 잠시 흔들린다.

> 매의 눈도 일흔 줄엔
> 무쇠처럼 무뎌졌나
> 저 노을 성난 연유를
> 여직 읽지 못하고
> 사랑채 가부좌로 앉은
> 내 아버지 붉은 동공
> ―「아버지의 노을」 전문

 그래, 이제사 내가 아비 되고 할애비 되니 그 때 그 사랑채 큰 마루에 떡허니 앉아 대밭 찬바람을 따뜻하게 잠재우시던 아버님의 위엄이 정한의 따가운 속살로 스며든다. 비록 일찍 타계하셨지만 어린 내 마음 속에는 잊혀 질 수 없는 그림자로 자리 잡힌 것이다.
 아버지처럼 대쪽 같은 삶을 살아 오셨을 선조들의 선비정신을 닮고자 나는 아직도 미련스레 시조의 끈을 놓지 못하고 있는 것은 아닌지 모르겠다.

> 새털구름 옥빛 무늬 따순 햇살 곱게 안고
> 높푸른 하늘에다 만국기 내걸었다
> 옹골찬 시월상달에 쏟아지는 우레 소리
>
> 무르익은 가을볕에 밤 땅콩 툭툭 터져
> 할매 어매 보따리 운동장에 쏟아놓고
> 달린다 아득한 세월 목말타고 팔 흔들며
> ―「가을운동회」 전문

초등학교 시절, 가을운동회가 열리면 할머니와 어머니가 일 년에 꼭 한 번 학교 오시는 날, 닭장에서 받은 귀한 달걀과 밤과 땅콩 등을 삶아 점심시간이 되면 행복보자기 풀어 가족 간의 사랑을 확인하는 시간이다. 달리기엔 영 자신이 없는 나였지만 펄럭이는 만국기가 그렇게 나의 가슴에 뜨거운 뭉클함을 준 가을 운동회가 아니었나 싶다, 그래서 들뜬 마음으로 그렇게 전날 밤을 꼬박 뜬 눈으로 새웠나보다

> 봄 물결 출렁이는 현란한 동네 어귀
> 아지랑이 옅은 가락 제 신명에 감겨오고
> 시루 속
> 새싹 가득히
> 기지개 펴는 소리

잔기침 새벽을 깨워 뒷산마루 산뜻하고
　　실개천 물빛 따라 산그늘이 내달린다
　　빈 가지
　　조각달 하나
　　걸어놓고 떠난 새벽

　　　　　　　　　　　　　　　—「석전리 춘추」전문

　실개천이 흐르는 내 고향 동구 밖, 흰 구름 아래 키 큰 미류나무 한 쌍이 동네를 지켜주고 작은 우물가엔 곱게 묶은 긴 머리 처녀들이 빨래통 내려놓고 흥에 맞춰 방망이 두드리던 곳.

　실개천 버드나무 아래서 이리 저리 뛰어다니며 물고기 잡느라 배고픔도 잊었던 어릴 적 동무들의 그 얼굴이 그립다.

　어릴 적부터 할머니의 무르팍에 누워 옛날이야기 들으며 환상속 세계에 빠져 꿈을 꾸며 성장했고 학창 시절엔 수학 공식 풀기나 영어 단어 외우기보다 오로지 국어시간만 되면 새로운 낱말에 호기심이 발동했고 무슨 뜻인가 사전 찾기에 바빴고 이야기 책 읽기에 눈동자는 빛이 났었다.

　중 고등학교 시절 저녁을 먹고 나면 동네 친구들과 마을 앞 미군부대 철조망을 비추고 있는 가로등불 밑에 앉아 학교에서 배운 시를 흥얼대며 달콤한 몽환 속에 사춘기를 보내던 십대 학창 시절!

　차츰 고시조 공부를 하면서 선현들의 선비 정신을 어린 가슴에 담기 바빴고 학교를 오가며 시조를 외우면서 흥얼대던 나의 마음이 참 행복했으리라는 생각이 든다

　누구나 태어나고 자란 곳, 내 고향을 그리워하지 않는 사람이 세상 어디 있으리오만 잊지 못할 마음을 시로 표현해 보는

과정에서 나는 나의 마음이 참선에 든 것처럼 정화되고 세속을 벗어난 새로운 경지의 나 자신을 발견하곤 한다. 그리하여 심미안의 경지에서 나 자신을 반추해 볼 수 있는 것이다.

　요즈음은 가끔씩 잘 잊어버리는 곤혹스런 일을 당할 때가 있다. 단순히 건망증이라고 하기엔 자신이 바보스럽고 또한 힘 빠지는 일이다.
　사랑하는 가족들과의 특별한 날 즉, 생일이나 결혼기념일 같은 경우를 잊어버리는 결정적인 실수는 정말 나 자신을 어처구니없는 실망의 나락으로 추락하게 만든다.
　반면, 잊어야 할 것을 잊지 못해 괴로워하기도 한다. 북에 남겨 둔 가족과 고향을 잊지 못해 항상 망향가를 불러야 하는 실향민들의 고향 그 그리움의 크기를 저 하늘에 걸면 갑자기 검은 천으로 덮여 지옥 같은 어두운 천지가 될 것이다.

　우리는 어쩌면 고통스러웠던 기억, 가슴 아픈 상처들, 부끄러운 과거의 실수들은 나의 기억에서 빨리 털어 버리고 잊히기를 바라고 있는지도 모른다.
　망각은 신이 주신 선물이란 말이 있듯 신통하게도 인간은 시간이 지나면서 자연스레 그런 기억들의 두께는 옅어지고 부피는 줄어들어 조용히 잊혀져 간다는 사실이다.
　그러나 우리의 고향은 잊을 수도 없고 잊어서도 안 되는 삶의 구심점이다. 누구나 평생을 그리워하고 잊지 못하는 것이 고향이기 때문이다.
　고향을 버리고 객지에서 살다가 수십 년 만에 찾아와도 불

평 한마디 없이 웃으며 반겨주시는 어머니의 따뜻한 품처럼 고향은 언제나 변함없이 그 자리에서 두 손 벌려 우리를 기다리고 있기 때문이다.

'배운 것이 도둑질'이라고 평생을 미련스레 선생 외길만 걸었으니 나한텐 다른 일을 할 재주가 없다.

그래, 뭔가 나한텐 일이 있어야겠다싶어 얼마 전 나지막한 산 밑 손바닥만한 추자밭을 하나 마련해 삽과 괭이를 가지고 흙을 파 보는 일에 재미를 붙여 보기로 작정했다.

시원한 호두나무 아래에 고추도 심고 가지도 심고 또 호박과 오이도 심어 거름도 주고 물을 뿌려주며 열매 달리기를 기다리는 그 기대감을 나의 행복으로 만들어 보자는 생각에서이다.

그래서 가끔은 조금씩 흘러내리는 이마의 땀을 닦으며 지금까지 느껴보지 못한 알 수 없는 삶의 기쁨도 가져보는 것이다. 작은 노동을 통해 그래 이게 보람이구나, 이게 내가 만든 생의 환희구나.

새 봄이 와서 가끔씩 밭에 가 제초작업이라든가 거름주기 등을 끝내고 추자나무 밑에 의자 하나 앉혀놓고 흘린 땀을 닦노라면 앞에 내려 보이는 우후죽순처럼 일어나는 아파트 단지와 김천스포츠타운, 그리고 그 사이로 무심히 흘러내리는 직지천을 한 눈에 내려다보며 커피를 마셔본다.

이것 또한 혼자만의 느지막한 행복이요 즐거움이 아닐 수 없다.

그 세상 편한 의자에 앉아 시조 한 수를 만들어보려고 이제

메모지를 꺼내 들고 새소리 들리는 하늘을 올려다본다. 지금 이 시간은 온전히 나를 위해 존재하고 난 이 시간을 제대로 만끽한다. 자연이 우리에게 주는 풍성함을~

'우리 국민문학은 오로지 시조로 발전시켜야 한다.'
일찍이 육당 선생이 우리 민족의'조선스러움'을 내세우며 한 말씀이다.

현대시조는 정제미와 함축미를 뛰어난 특징으로 내세우면서 우리 민족 정통성의 정점에서 뜨거운 불꽃을 활활 타오르게 해야 하는 소임이 우리들에게 있음을 알고 꾸준히 발전시켜 멀지 않은 장래에 전 세계 문학 축제에서 이름을 날릴 수 있었으면 하는 주제넘은 기대도 가져 본다.

우리 민족 100년 뻗어 온 정형시인 현대시조에 바친 땀과 노력이 언젠가는 우리 문학의 정점에 서서 찬란히 노래할 수 있는 날이 오기를 학수고대해 본다.

거창하게 시조의 국제화, 시조의 세계화까지는 아니더라도 내 가슴 속에는 우리의 민족 문학인 시조의 사랑이 뜨겁게 타올라 꺼지지 않는 염원으로 쉬지 않고 달려 볼 터이다.

시조시인들이 모이면 한목소리로 우리 민족만의 자율적 정형시인 현대시조를 어떻게 하면 더욱 발전시켜 국제화, 세계화에 이바지할 수 있는가를 고민하고 노력해 왔다.

언젠가는 그 땀과 열정이 열매를 맺고 빛을 볼 날을 기다리면서 꾸준히 정진해 볼 일이다.

일본인들의 하이쿠 사랑이 일본의 노벨문학상 수상의 토양

이 되었다면 우리에게는 민족의 혼과 숨결로 곱게 빚어진 고유의 시조가 있으므로.

■연보

· 1949년 3월 경북 칠곡군 왜관읍 석전리(돌밭)에서 출생. 본관 광주(廣州)
· 왜관중앙초등학교. 순심중학교. 순심고등학교. 대구교육대학교. 대구대학교. 대구가톨릭대학교 교육대학원 졸업
· 1959년 종손인 부친께서 병고 끝에 타계 이후 홀어머니 밑에서 성장
· 1969년 울진 광동국민학교 교사 첫 발령
· 1988년 매일신문 신춘문예 당선「떠나가는 그대에게」
　　　　시조문학 추천완료「순(筍)」
· 1995년 교통안전질서 백일장 심사위원 (경북도로교통안전협회)
· 1997년 김천 대덕초등학교 교감
· 1997년 교원예능실기대회 문예부 금상(경북교육청)
· 1997년 김천교육상 수상 (문예지도 공로)
· 2002년 ~2005년 한국문인협회 김천지부장 겸 경북문인협회 이사
· 2002년 김천 봉계초등학교 교장
· 2002년 제1회 경상북도민백일장 심사위원(한국문인협회경북지회)
· 2003년 화랑문화제 운문부 심사위원 (경북교육청)
· 2004년 ~2005년 한국시조시인협회 이사
· 2005년 자산공원「시가 있는 오솔길」백수 작품 외 10여 점 조성 (김천시)
· 2005년 ~2008년 '사랑의 e-아침편지' 집필위원(경북교육청)
· 2005년 대구시조시인협회 회원
· 2006년 김천시조시인협회 회장
· 2007년 김천시조회원 시화전 개최

- 2007년 김천시문화상 (문학·교육 부문) 수상
- 2009년 교육 칼럼 집필위원 (경북교육청)
- 2010년 첫 시집『달빛 환상』상재
- 2010년 감천초등학교 교장으로 명예 퇴임 (황조근정훈장)
- 2011년 ~ 현재 칠곡군문예백일장 심사위원
- 2011년 경상북도문학상 수상 (경북문인협회)
- 2011년 - 2015년 글짓기 영재학급 시조교육 강사 (경북교육청)
- 2012년 백수문학제 초대 운영위원
- 2016년 대구시조문학상 수상 (대구시조시인협회)
- 2017년 우리글의 향기 3 (김천인터넷뉴스))
- 2017년 대구시조시인협회 회장
- 2017년 국제시조협회 회원
- 2018년 현대시조 대표작 선집(알토란)
- 2018년 백수문학제 3대 운영위원
- 2018년 한국시조시인협회 이사
- 2018년 김천가곡제「김천을 노래하다」창작 공연 (김천시)
- 2018년 정음시조문학상 운영위원
- 2019년 두 번째 시집『금강산을 읽다』상재
- 2019년 한결 추천 시메일-4129 (한결-더 좋은 세상)
- 2019년 대구문학상 심사위원(한국문인협회 대구지회)

우리시대 현대시조선 106

향목香木의 노래

초판 1쇄 인쇄일 · 2019년 11월 04일
초판 1쇄 발행일 · 2019년 11월 13일

지은이 | 이익주
기　획 | (사)한국문화예술진흥협회, 한국시조문학관
펴낸이 | 노정자
펴낸곳 | 도서출판 고요아침
편　집 | 김남규, 이광진, 이세훈, 정숙희

출판 등록 2002년 8월 1일 제 1-3094호
03678 서울시 서대문구 증가로 29길 12-27 102호
전화 | 302-3194~5
팩스 | 302-3198
E-mail | goyoachim@hanmail.net
홈페이지 | www.goyoachim.com

ISBN 979-11-90047-49-4(04810)
ISBN 979-11-90047-41-8(세트)

*책 가격은 뒤표지에 표시되어 있습니다.
*지은이와 협의에 의해 인지는 생략합니다.
*잘못된 책은 교환해 드립니다.

ⓒ이익주, 2019